Discovering Chinese

奇妙中文

WORKBOOK
练习册

VOLUME 4
第四册

www.BetterChinese.com

Discovering Chinese

Discovering Chinese Workbook - Volume 4
Simplified Chinese Characters

Founder: Li-hsiang Yu 虞丽翔
Publisher: Chi-kuo Shen 沈启国
Illustrations by Better World Ltd.
Published by Better World Ltd.
3 4 5 XLA 17 16 15

P. O. Box 695
Palo Alto, CA 94302, USA
Tel: +1-650-384-0902
Email: usa@betterchinese.com
Web: www.BetterChinese.com

Use this product with our Online Learning System at www.BetterChinese.com.

ISBN-13: 978-962-978-252-8
ISBN-10: 962-978-252-9

目 录
Contents

奇妙中文 Vol.4 字卡
Character Cards

第三十七课　中国的节日

SECTION A

写一写

Write down characters you know that have the same radical in the blanks.

氵：深 _____

辶：_____

口：_____

艹：_____

填一填

Make up words using the characters in the circles.

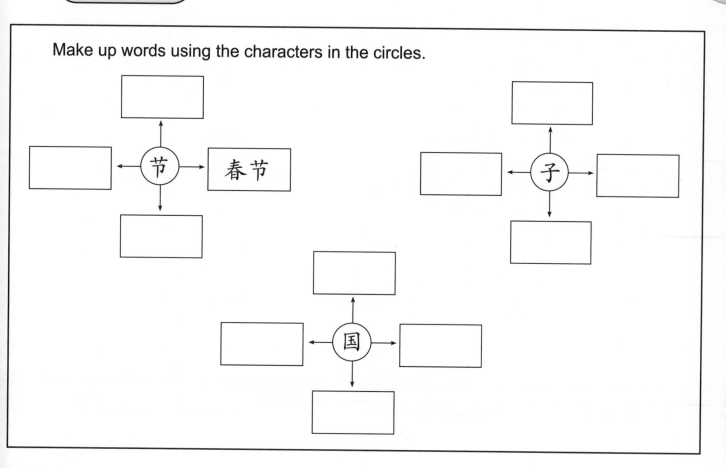

第三十七课　中国的节日

1. 初一　2. 八月十五　3. 龙舟　4. 灯谜　5. 月饼　6. 粽子
7. 赏灯　8. 放鞭炮　9. 舞狮　10. 饺子　11. 汤圆

Choose the words related to 春节: _____
Choose the words related to 元宵节: _____
Choose the words related to 端午节: _____
Choose the words related to 中秋节: _____

2

填一填

Choose the appropriate words to fill in the blanks.

1. 好吃　　2. 五月初五　　3. 吃粽子
4. 端午节　5. 还要　　　6. 喜欢　7. 也

每年的农历_____是 _____。端午节_____叫龙舟节。
这一天，中国人要_____，_____赛龙舟。粽子很_____，
我 _____ 吃粽子。

第三十七课　中国的节日

排一排

Number the sentences according to their sequence.

月亮很圆，月饼很好吃。

今年八月十五的时候，我们一家人坐在院子里看月亮、吃月饼。

全家人都很高兴（happy）。

八月十五是中秋节，这一天的月亮很圆。

听一听，写一写

Listen to "试试看" carefully, then answer the questions in Chinese. You may use pinyin.

1. 中国的春节是哪一天？春节又叫什么？

_____

2. 过春节的时候，中国人要做什么？

_____

3. 农历正月十五是什么节日？中国人怎么过？

_____

猜灯谜

During the Lantern Festival, besides eating sweet glutinous rice balls, Chinese people have another traditional activity named "Guess the Riddles on the Lantern". They write the riddles on the lantern and try to solve them. Here are four riddles, how many of them can you guess?

4

一人说话一人听。两人看不见，说话听得见。
(Guess an object used in daily life.)

五个好朋友，天天在一起，名字不一样，高矮不一样。
(Guess a body part)

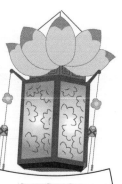

上边毛，下边毛，中间一个黑葡萄。
(Guess a body part)

———————

两个月亮在一起。
(Guess a Chinese character)

———————

———————

第三十七课　中国的节日

SECTION B

写一写部首

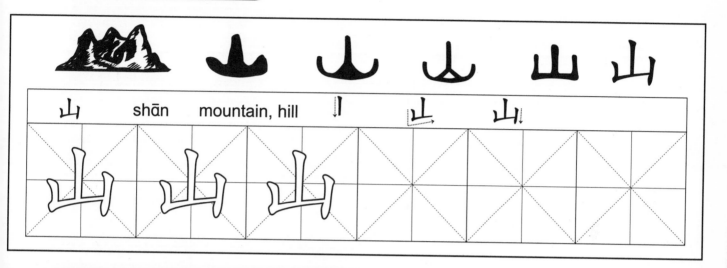

| 山 | shān | mountain, hill | ｜ | 屵 | 山 |

山　山　山

写一写，读一读

New Words 生字	Radicals 部首		Write the characters 写一写				Read aloud 读一读
dēng	huǒ	dēng					dēng jié
灯	火	灯					灯节
jié	cǎo	jié					jié rì
节	艹	节					节日
yuán	èr	yuán					yuán xiāo jié
元	二	元					元宵节
zhēng	yī	zhēng					zhēng yuè
正	一	正					正月

读一读，写一写

hóng dēng	hóng dēng		
红灯	红灯		
red light			
lǜ dēng	lǜ dēng		
绿灯	绿灯		
green light			
zhēng yuè	zhēng yuè		
正月	正月		
the first month of the Lunar year			
shí yuán	shí yuán		
十元	十元		
10 yuan, Chinese monetary unit			
hē shuǐ	hē shuǐ		
喝水	喝水		
to drink water			

6

第三十八课　去商店买东西

SECTION A

Link the three columns.

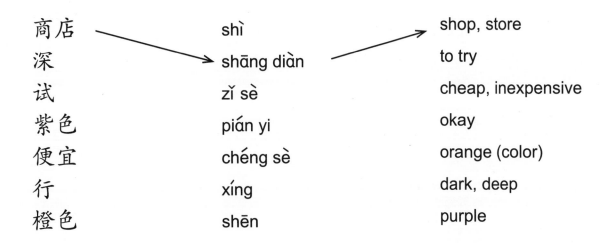

商店	shì	shop, store
深	shāng diàn	to try
试	zǐ sè	cheap, inexpensive
紫色	pián yi	okay
便宜	chéng sè	orange (color)
行	xíng	dark, deep
橙色	shēn	purple

找 一 找

Find the opposite words and group them in pairs.

长 多 小 深 高 大 短 少 矮 贵 浅 便宜

长 — 短　　　　　__ — __

__ — __　　　　　__ — __

__ — __　　　　　__ — __

你有我也有

Group the characters that have the same radicals and write them in the blanks.

试　深　便　作　位　浅　谁　说　洗　请　渴　候

讠：＿＿＿＿＿＿＿＿＿＿＿

亻：＿＿＿＿＿＿＿＿＿＿＿

氵：＿＿＿＿＿＿＿＿＿＿＿

填一填

Fill in the blanks.

1. 太大　2. 深蓝色　3. 好看　　4. 也　　5. 不小
6. 试穿　7. 商店　　8. 星期六　9. 没有　10. 白色

　　星期六，妈妈和我一起去＿＿＿＿买东西。妈妈想买一条＿＿＿＿的裤子，可是商店里没有，所以她＿＿＿＿买。我想买一件绿色的上衣。我＿＿＿＿了，＿＿＿＿了，所以我＿＿＿＿没有买绿色的上衣。我又试了一件白色的上衣，不大也＿＿＿＿，我穿上很＿＿＿＿，所以我买了这件＿＿＿＿的上衣。

看图写话

Look at the following pictures and fill in the blanks below.

① _____，妈妈带着哥哥、妹妹和我一起去_____ 。

②我们先去了衣服店，哥哥试了一条_____，可是太____了，哥哥不喜欢。

9

③哥哥又_____一条裤子，这条裤子不____也不___，哥哥穿上很_____，就_____了这条裤子。

④妹妹也试了一条很好看的_____，可是这条裙要_____元。太___了，我们____买。

第三十八课　去商店买东西

Please write a short skit about shopping in a store. Find a partner to role play the skit.

_____

_____

_____

_____

10

Listen to "试试看"carefully, then answer the questions in Chinese. You may use pinyin.

1. 星期六上午妈妈带我和弟弟去了哪里？

   _____

2. 妈妈给弟弟买了什么东西？

   _____

3. 妈妈给我买粉红色的裙子了吗？为什么？

   _____

SECTION B

写一写部首

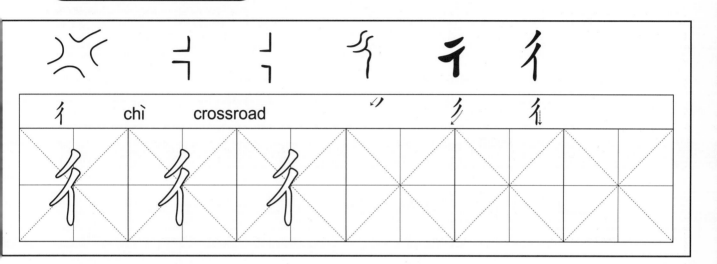

| 彳 | chì | crossroad |

写一写，读一读

New Words 生字	Radicals 部首	Write the characters 写一写					Read aloud 读一读
bǎi	yī	bǎi					yì bǎi yuán
百	一	百					一百元
shēn	shuǐ	shēn					shēn sè
深	氵	深					深色
yǐ	rén	yǐ					yǐ hòu
以	人	以					以后
xíng	chì	xíng					xíng le
行	彳	行					行了

读一读，写一写

yì　　bǎi	yì　　bǎi		
一 百	一 百		
one hundred			
shēn　　sè	shēn　　sè		
深 色	深 色		
dark color			
yǐ　　hòu	yǐ　　hòu		
以 后	以 后		
afterwards			
kě　　yǐ	kě　　yǐ		
可 以	可 以		
may, can			
bù　　xíng	bù　　xíng		
不 行	不 行		
not allowed			

第三十九课　爷爷的生日会

SECTION A

连一连

Link the three columns.

peach	tāo zi	香蕉
banana	xiāng jiāo	桃子
pineapple	bō luó	苹果
grape	lì zhī	菠萝
lychee	pú tao	荔枝
apple	píng guǒ	葡萄

选一选

Group the words into the following categories.

1. 荔枝　　2. 裤子　　3. 苹果　　4. 上衣　　5. 手　　6. 葡萄
7. 眼睛　　8. 饺子　　9. 包子　　10. 鼻子　　11. 梨　　12. 鞋子
13. 米饭　　14. 裙子　　15. 月饼

Clothes: _____

Fruits: _____

Foods: _____

Body Parts: _____

Words ending with the character "子": _____

Characters with the "艹" radical: _____

Characters with the "⻊" radical: _____

填一填

Fill in the correct measure words.

1. 条　2. 件　3. 个　　4. 只　　5. 块　　6. 束　　7. 本

一＿＿＿裤子　　　　一＿＿＿花　　　　三＿＿＿人

一＿＿＿手表　　　　一＿＿＿书　　　　三＿＿＿包子

四＿＿＿苹果　　　　六＿＿＿猫　　　　七＿＿＿鸟

两＿＿＿上衣　　　　五百＿＿＿钱　　　两＿＿＿鱼

14

排一排

Unscramble the sentences, then number the sentences in sequence.

● a. 因为　b. 这一天　c. 奶奶　d. 是　e. 的　f. 生日
（　　）＿＿＿＿＿＿＿＿＿＿＿＿＿＿＿＿＿＿＿＿。

● a. 李大中　b. 到　c. 星期六　d. 一家人　e. 中国　f. 饭馆　g. 吃饭
（　1　）＿＿＿＿＿＿＿＿＿＿＿＿＿＿＿＿＿＿＿＿。

● a. 和　b. 奶奶　c. 啤酒　d. 点了　e. 葡萄汁　f. 还
（　　）＿＿＿＿＿＿＿＿＿＿＿＿＿＿＿＿＿＿＿＿。

● a. 奶奶　b. 主食　c. 点了　d. 菜　e. 和
（　　）＿＿＿＿＿＿＿＿＿＿＿＿＿＿＿＿＿＿＿＿。

● a. 每样菜　b. 很　c. 好吃　d. 都
（　　）＿＿＿＿＿＿＿＿＿＿＿＿＿＿＿＿＿＿＿＿。

● a. 今天　b. 奶奶　c. 高兴　d. 很
（　　）＿＿＿＿＿＿＿＿＿＿＿＿＿＿＿＿＿＿＿＿。

第三十九课　爷爷的生日会

看图写话

Look at the pictures and fill in the blanks below.

① 今天是小文的＿＿＿＿＿＿，好多＿＿＿＿＿来到小文的家给她过生日。朋友们给她带来了很多＿＿＿＿＿：有＿＿＿＿还有＿＿＿＿＿。

② 他们一面吃＿＿＿＿＿＿，一面祝小文＿＿＿＿＿。蛋糕很＿＿＿＿＿。

③ 吃完蛋糕以后，他们一起＿＿＿＿＿＿。大家玩得很＿＿＿＿。

④ 晚上＿＿＿＿＿点，他们要＿＿＿＿＿。他们和小文说＿＿＿＿。

第三十九课　爷爷的生日会

How will you celebrate your 18th birthday? Please talk about it with your friends and write down your plans in Chinese. You may use pinyin if necessary.

_____

_____

_____

_____

16

听一听，写一写

Listen to "试试看" carefully, then answer the questions in Chinese. You may use pinyin.

1. 今天是什么日子？

_____

2. 今天王小文高兴吗？为什么？

_____

3. 大家送给小文什么礼物？

_____

SECTION B

写一写部首

| 二 | tóu | the top of | ˎ | 二 → |

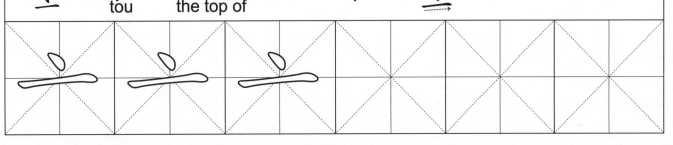

写一写，读一读

New Words 生字	Radicals 部首	Write the characters 写一写						Read aloud 读一读
yé	fù	yé						yé ye
爷	父	爷						爷爷
gěi	sī	gěi						sòng gěi
给	纟	给						送给
gāo	tóu	gāo						gāo dà
高	二	高						高大
xìng	bā	xìng						gāo xìng
兴	八	兴						高兴

第三十九课 爷爷的生日会

读一读，写一写

yé ye	yé ye		
爷爷 grandfather	爷爷		
gěi nǐ	gěi nǐ		
给你 to give you	给你		
gāo dà	gāo dà		
高大 big and tall	高大		
zuì gāo	zuì gāo		
最高 the highest	最高		
sòng gěi	sòng gěi		
送给 to give	送给		

18

第四十课　一年有四季

SECTION A

连一连

Link the three columns.

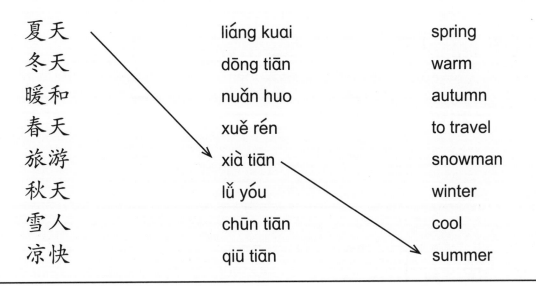

夏天	liáng kuai	spring
冬天	dōng tiān	warm
暖和	nuǎn huo	autumn
春天	xuě rén	to travel
旅游	xià tiān	snowman
秋天	lǚ yóu	winter
雪人	chūn tiān	cool
凉快	qiū tiān	summer

填一填

Choose the appropriate words from the box and fill in the blanks.

可是　冷　暖和　衣服　时候　冬天　季节

A: 你喜欢什么_____？

B: 我喜欢春天，因为春天_____，还有绿草和美丽的花。

A: 我也喜欢春天。_____我最喜欢的季节不是春天。

B: 你最喜欢什么季节？

A: 我最喜欢_____，因为下雪的_____可以堆雪人。

B: 啊，冬天好____啊！我们要穿很多_____。我不喜欢冬天。

想一想

Connect the "dragon". Make up words by using a character from the previous word. Try to make the "dragon" as long as possible.

1. 室外 ➡ 外面 ➡ 下面 ➡ 下雪 ➡ _____ ➡ _____

2. 春节 ➡ _____ ➡ _____ ➡ _____ ➡ _____ ➡ _____

3. 校车 ➡ _____ ➡ _____ ➡ _____ ➡ _____ ➡ _____

20

你有我也有

Group the characters that have the same radicals and write them in the blanks.

草	沙	架	萝	栋
深	位	爱	吃	浅
喝	树	苹	很	板
菠	他	泳	游	件
住	莓	好	椅	酒

1. 人： _____

2. 艹： _____

3. 水： _____

4. 木： _____

5. 口： _____

第四十课 一年有四季

看图写话

Look at the pictures and fill in the blanks below.

①春天很____。有____和____，小鸟在唱歌。

②____很热。可以穿____和_____。人们喜欢在___外____，吃_____。

③____比夏天____。树叶都____。人们喜欢_____。

④____会___大风,下___。但我很喜欢____，____我可以和朋友一起____，____。

听一听，写一写

一、 Listen to "试试看"carefully, then answer the questions in Chinese. You may use pinyin.

1. 我喜欢春天，为什么？

_____

_____

2. 妈妈喜欢什么季节，为什么？

_____

_____

22

二、 Listen to it once more, then complete the sentences.

1. 春天来了，天气 _____ 了。

2. 我看见很多绿色的 _____，绿色的 _____ 和 _____ 的花。

3. 我还听见小鸟在大树上 _____ 。

SECTION B

写一写部首

| 弓 | gōng | bow | | | |

写一写，读一读

New Words 生字	Radicals 部首		Write the characters 写一写					Read aloud 读一读
huā	cǎo	huā						huā duǒ
花	艹	花						花朵
cǎo	cǎo	cǎo						lǜ cǎo
草	艹	草						绿草
yīn	wéi	yīn						yīn wèi
因	口	因						因为
wèi	diǎn	wèi						wèi shén me
为	丶	为						为什么

读一读，写一写

yīn	wèi	yīn	wèi				
因	为	因	为				
because							
wèi	le	wèi	le				
为	了	为	了				
for (some reason), because of							
mǎi	huā	mǎi	huā				
买	花	买	花				
to buy flower							
lǜ	cǎo	lǜ	cǎo				
绿	草	绿	草				
green grass							
cǎo	méi	cǎo	méi				
草	莓	草	莓				
strawberry							

24

第四十一课　我病了

SECTION A

连一连

Match the three columns.

病	xiū xi	have a cold
舒服	yīng gāi	comfortable
咳嗽	bìng	should
休息	gǎn mào	to rest
发烧	fā shāo	sick
感冒	shū fu	to cough
应该	ké sou	fever

25

你有我也有

Read the passage and complete the requests.

　　我病了。我的喉咙疼，头也疼，还咳嗽。我不想吃饭，也不想喝饮料。妈妈给我买了饺子和饼干，我也不想吃。

Find the characters with the "疒" radical:＿＿＿＿＿＿＿＿＿＿＿＿＿＿＿

Find the characters with the "口" radical:＿＿＿＿＿＿＿＿＿＿＿＿＿＿

Find the characters with the "食" radical:＿＿＿＿＿＿＿＿＿＿＿＿＿＿

What do these radicals symbolize? Write their meaning in English.

"疒" radical:＿＿＿＿＿＿＿＿＿＿＿＿＿＿＿＿＿＿＿＿＿＿＿＿＿

"口" radical:＿＿＿＿＿＿＿＿＿＿＿＿＿＿＿＿＿＿＿＿＿＿＿＿＿

"食" radical:＿＿＿＿＿＿＿＿＿＿＿＿＿＿＿＿＿＿＿＿＿＿＿＿＿

第四十一课 我病了

填一填

Choose the appropriate words to fill in the blanks.

饭前 还有 舒服 还是 饭后 疼

① _____要先洗手。

②在_____吃水果对身体很好。

③A:你的身体哪里不_____?

  B:我的肚子疼，嗓子也很_____。

④小文是这个月_____下个月过生日?

⑤美美有很多朋友，小文、大中，_____玛丽。

排一排

Unscramble the sentences, then number the sentences in sequence.

(   ) a. 带 b. 妈妈 c. 看 d. 她 e. 去 f. 医生

_____。

(   ) a. 病 b. 过 c. 好 d. 两天 e. 的 f. 妹妹 g. 就会

_____。

(   ) a. 我 b. 妹妹 c. 的 d. 生病 e. 今天 f. 了

_____。

(   ) a. 说 b. 医生 c. 感冒 d. 她 e. 了

_____。

(   ) a. 给 b. 开了 c. 药 d. 她 e. 一些

_____。

第四十一课　我病了

改一改

Rewrite the sentences in correct Chinese.

①请问，多少钱这件上衣？　⇨ 请问，这件上衣多少钱？

②这个怎么样大一点的？　⇨ _____

③医生要他吃药每天，多喝水，多休息。

　⇨ _____

④小月身体一直很好，所以今天没有上学。

　⇨ _____

听一听，写一写

Listen to "试试看" carefully, then answer the questions in Chinese. You may use pinyin.

1. 妹妹今天为什么没有去上学？

_____

2. 妹妹哪里不舒服？

_____

3. 医生说妹妹要注意些什么？

_____

第四十一课　我病了

Identify which sentences are said by the doctor and which are said by the patient, and then put the dialogue in sequence. Find a partner to role-play the dialogue.

1. 你有点发烧。我给你开一点药。
2. 不客气。
3. 我的喉咙很疼，还咳嗽。
4. 你的头疼不疼？
5. 饭后吃。
6. 你哪里不舒服？
7. 我的头不疼。
8. 我给你量量体温吧！
9. 药是饭前吃，还是饭后吃？
10. 谢谢医生。
11. 我发烧吗？

Put the dialogue in the right sequence.

医生：　　　　　　　　　病人：

医生：　　　　　　　　　病人：

医生：　　　　　　　　　病人：

医生：　　　　　　　　　病人：

医生：　　　　　　　　　病人：

医生：

SECTION B

写一写部首

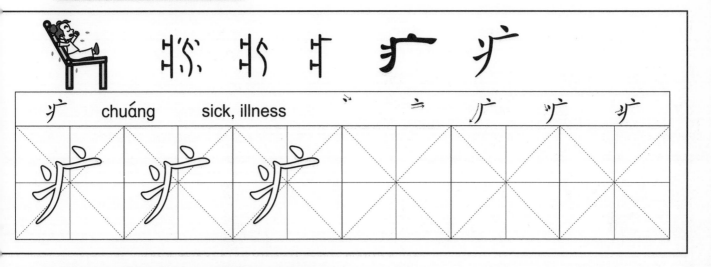

疒	chuáng	sick, illness	丶 广 广 疒

疒 疒 疒

写一写，读一读

New Words 生字	Radicals 部首	Write the characters 写一写					Read aloud 读一读
bìng	chuáng	bìng					kàn bìng
病	疒	病					看病
téng	chuáng	téng					dù zi téng
疼	疒	疼					肚子疼
yīng	guǎng	yīng					yīng gāi
应	广	应					应该
gāi	yán	gāi					yīng gāi
该	讠	该					应该

读一读，写一写

yīng 应	gāi 该	yīng 应	gāi 该		
should, ought to					
tóu 头	téng 疼	tóu 头	téng 疼		
headache					
méi 没	bìng 病	méi 没	bìng 病		
not ill, not sick					
shēng 生	bìng 病	shēng 生	bìng 病		
sick					
hěn 很	téng 疼	hěn 很	téng 疼		
very painful					

30

SECTION A

连 一 连

Link the three columns.

体育馆　　　　lán qiú chǎng　　　　swimming pool

足球场　　　　yóu yǒng chí　　　　gymnasium, sports arena

篮球场　　　　tǐ yù guǎn　　　　soccer field

网球场　　　　bàng qiú chǎng　　　　tennis court

游泳池　　　　zú qiú chǎng　　　　baseball field

棒球场　　　　wǎng qiú chǎng　　　　basketball court

31

读 一 读 ， 选 一 选

Circle the correct pinyin in the brackets that match the underlined characters.

礼堂 (táng　tán)　　　　应 (yīn　yīng) 该

餐厅 (tīn　tīng)　　　　英 (yīn　yīng) 文

剧院 (yàn　yuàn)　　　　因 (yīn　yīng) 为

走进 (jìng　jìn)　　　　办 (bàn　bàng) 公室

高兴 (xìn　xìng)　　　　棒 (bàn　bàng) 球场

找一找，写一写

Find the phrases. Write them out.

体	温	你	上	大
育	我	教	学	楼
场	初	一	春	冬
高	中	学	生	天

1. 体育场　　　　　7. ＿＿＿＿＿＿

2. ＿＿＿＿＿＿　　8. ＿＿＿＿＿＿

3. ＿＿＿＿＿＿　　9. ＿＿＿＿＿＿

4. ＿＿＿＿＿＿　　10. ＿＿＿＿＿＿

5. ＿＿＿＿＿＿　　11. ＿＿＿＿＿＿

6. ＿＿＿＿＿＿　　12. ＿＿＿＿＿＿

32

填一填

Choose the words from the box to fill in the blanks.

到处　一共　外面　不但　而且　以后

1. 我的房间 ＿＿＿＿＿＿很大，＿＿＿＿＿＿很漂亮。

2. 学校里 ＿＿＿＿＿＿都很美。

3. 乐乐的家＿＿＿＿＿＿有五口人。

4. 教学楼 ＿＿＿＿＿＿是运动场。

5. 大卫喜欢在放学＿＿＿＿＿＿去运动场打球。

第四十二课　我喜欢我的学校

说一说，写一写

Read the sample paragraph below and use the words in the box to describe your school. You may use Pinyin.

学校	不但	而且	漂亮	美丽	运动场
那里	喜欢	以后	常常	图书馆	教学楼

例：我的学校很大，我最喜欢学校的运动场。每天放学以后，都有很多同学在那里运动，有的踢足球，有的打篮球，还有的打网球，我喜欢在那里打篮球。

_____

_____

_____

33

听一听，写一写

Listen to "试试看" carefully, then answer the questions in Chinese. You may use pinyin.

1. 王小文在哪里读书？

_____

2. 在学校里王小文喜欢做什么？

_____

3. 下课后王小文经常做什么运动？

_____

SECTION B

写一写部首

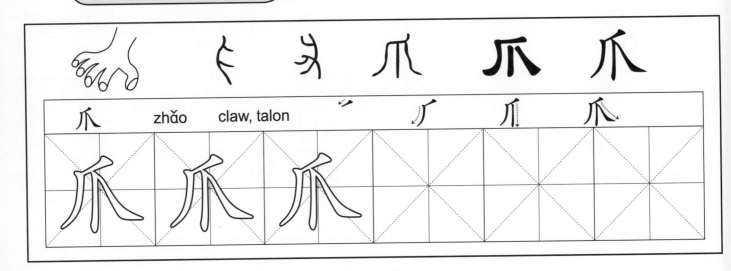

| 爪 | zhǎo | claw, talon | ー | 厂 | 爪 | 爪 |

| 爪 | 爪 | 爪 |

写一写，读一读

34

New Words 生字	Radicals 部首	Write the characters 写一写						Read aloud 读一读
lóu	mù	lóu						jiào xué lóu
楼	木	楼						教学楼
dàn	rén	dàn						bú dàn
但	亻	但						不但
guǎn	shí	guǎn						tǐ yù guǎn
馆	饣	馆						体育馆
chǎng	tǔ	chǎng						yùn dòng chǎng
场	土	场						运动场

读一读，写一写

gāo	lóu	gāo	lóu				
高	楼	高	楼				

high building

dàn	shì	dàn	shì				
但	是	但	是				

but, however

shāng	chǎng	shāng	chǎng				
商	场	商	场				

market, business center

fàn	guǎn	fàn	guǎn				
饭	馆	饭	馆				

restaurant

chǎng	guǎn	chǎng	guǎn				
场	馆	场	馆				

gymnasium

35

第四十三课　运动会

SECTION A

连一连

Match the three columns.

运动会	sài pǎo	to participate, take part in
比赛	cān jiā	running race
日记	tiào yuǎn	long jump
参加	yùn dòng huì	journal, diary
跳远	rì jì	match, competition, game
赛跑	bǐ sài	sports meet, field day

你有我也有

Read the paragraph and complete the requests below.

今天学校开运动会。我参加了赛跑、跳远和投铅球比赛。白大卫参加了跳高比赛。李大中没有参加运动会。他不喜欢跳高、跳远和跑步，他喜欢打篮球和踢足球。他参加过篮球比赛。

Find the characters with the "足" radical:_____

Find the characters with the "手" radical:_____

Find the characters with the "辶" radical:_____

What do these radicals symbolize? Write their meaning in English.

"足" radical:_____

"手" radical:_____

"辶" radical:_____

连一连

Match the questions in the left column with the answers in the right column.

2008年奥运会是在中国举行吗？　　　白大卫参加了投铅球比赛。

你参加过学校的运动会吗？　　　　是，她每天都写日记。

玛丽身体怎么样？　　　　　　　　是，在中国北京举行。

小文每天都写日记吗？　　　　　　参加过，我得了游泳金牌呢。

谁参加了投铅球比赛？　　　　　　她感冒了，还没有好，不能参
　　　　　　　　　　　　　　　　加运动会了。

改一改

Rewrite the sentences in correct Chinese.

1. 因为没有参加比赛，所以他病了。

⇨＿＿＿＿＿＿＿＿＿＿＿＿＿＿＿＿。

2. 她跑得快，我跑得快比她。

⇨＿＿＿＿＿＿＿＿＿＿＿＿＿＿＿＿。

3. 小文开生日会家里。

⇨＿＿＿＿＿＿＿＿＿＿＿＿＿＿＿＿。

4. 我们参加比赛的时候，她加油我们。

⇨＿＿＿＿＿＿＿＿＿＿＿＿＿＿＿＿。

第四十三课　运动会

Read the passage and answer the questions below.

今天我们开运动会。我参加了投铅球比赛。我投得很远，但是白大卫比我投得还远。他得了第一名，我得了第二名。我还参加了游泳比赛。我游得最快，得了第一名。我的爸爸妈妈也来参加运动会，他们是我的啦啦队，给我加油，我真高兴。

① 我参加了几项比赛?

② 投铅球比赛我得了第几名?

③ 投铅球比赛谁是第一名?

④ 游泳比赛我得了第二名，对吗?

⑤ 谁是我的啦啦队?

第四十三课　运动会

排一排

Unscramble the sentences.

1. a. 得第一　b. 运动员　c. 比赛　d. 得到　e. 的　f. 金牌　g. 会

   ＿＿＿＿＿＿＿＿＿＿＿＿＿＿＿＿＿＿。

2. a. 喜欢　b. 你　c. 的　d. 最　e. 运动　f. 什么　g. 是

   ＿＿＿＿＿＿＿＿＿＿＿＿＿＿＿＿＿＿？

3. a. 我　b. 很　c. 比赛　d. 想　e. 看　f. 奥运会

   ＿＿＿＿＿＿＿＿＿＿＿＿＿＿＿＿＿＿。

听一听，写一写

Listen to "试试看"carefully, then answer the questions in Chinese. You may use pinyin.

1. 学校什么时候开运动会？

   ＿＿＿＿＿＿＿＿＿＿＿＿＿＿＿＿＿＿＿＿＿

2. 李大中准备参加什么比赛？

   ＿＿＿＿＿＿＿＿＿＿＿＿＿＿＿＿＿＿＿＿＿

3. 白玛丽喜欢什么运动？

   ＿＿＿＿＿＿＿＿＿＿＿＿＿＿＿＿＿＿＿＿＿

4. 王小文准备参加比赛吗？

   ＿＿＿＿＿＿＿＿＿＿＿＿＿＿＿＿＿＿＿＿＿

SECTION B

写一写部首

气 qì gas, air								
气	气	气						

写一写，读一读

New Words 生字	Radicals 部首	Write the characters 写一写					Read aloud 读一读
yùn	chuò	yùn					yùn dòng huì
运	辶	运					运动会
dì	zhú	dì					dì yī
第	竹	第					第一
kāi	yī	kāi					kāi xīn
开	一	开					开心
yuǎn	chuò	yuǎn					tiào yuǎn
远	辶	远					跳远

40

第四十三课　运动会

读一读，写一写

yùn dòng	yùn dòng		
运 动 **sports**	运 动		
dì jiǔ	dì jiǔ		
第 九 **the ninth**	第 九		
kāi huì	kāi huì		
开 会 **to hold a meeting**	开 会		
hěn yuǎn	hěn yuǎn		
很 远 **very far**	很 远		
kāi shuǐ	kāi shuǐ		
开 水 **boiled water**	开 水		

41

SECTION A

想一想

Choose the right character from the box to make a new word.

跑	日	业	口	乐	柜	会	候	人	大

1. 比赛"赛 _____
2. 工作"作 _____
3. 凉快"快 _____
4. 医生"生日 _____
5. 看病"病 _____

6. 春节"节 _____
7. 雪人"人 _____
8. 洗衣"衣 _____
9. 小时"时 _____
10. 参加"加拿 _____

连一连

Link the questions with the correct answers.

你在哪个学校上学？

玛丽的哥哥正在做什么？

今天你带什么书来了？

大卫在给谁打电话呢？

电影院的旁边是什么？

电影院的旁边是邮局。

我在大华高中上学。

他在给王小文打电话。

我带了英文书，忘了带法文书。

他正在邮局寄信呢。

第四十四课 我的社区

写一写

Translate the English into Chinese.

1. I would like to go to the cinema with my elder sister.

   ⇨ _____。

2. I go to school from Monday to Friday.

   ⇨ _____。

3. Her handwriting is very good.

   ⇨ _____。

排一排

Unscramble the sentences.

1. a. 社区 b. 的 c. 很美 d. 住 e. 很大 f. 我 g. 也

   _____。

2. a. 吃 b. 最 c. 和 d. 汉堡包 e. 薯条 f. 喜欢 g. 哥哥

   _____。

3. a. 玩电脑 b. 作业 c. 写完 d. 先 e. 好 f. 吗 g. 再

   _____？

第四十四课　我的社区

说一说，写一写

Can you describe your community in Chinese? Talk about it with your teacher and classmates, then write your own paragraph with the words you have learned.

例：我家住在月园社区，这是一个非常好的社区，里面有银行，
　　有商店，还有很多家餐馆，我喜欢这个社区。

_____

_____

_____

_____

听一听，写一写

Listen to "试试看" carefully, then answer the questions in Chinese. You may use pinyin.

1. 我住的社区大不大？

_____

2. 星期六一家人通常做什么事情？

_____

SECTION B

写一写部首

冂	jiǒng	↓	冂 →

写一写，读一读

New Words 生字	Radicals 部首	Write the characters 写一写					Read aloud 读一读
diàn	guǎng	diàn					kuài cān diàn
店	广	店					快餐店
de	chì	de					xiě de hǎo
得	彳	得					写得好
wán	mián	wán					wán le
完	宀	完					完了
wàng	xīn	wàng					wàng jì
忘	心	忘					忘记

读一读，写一写

shāng diàn	shāng diàn		
商店	商店		
shop, store			
dé le	dé le		
得了	得了		
gained, achieved			
chī wán	chī wán		
吃完	吃完		
finished eating			
wàng le	wàng le		
忘了	忘了		
forgot			
shū diàn	shū diàn		
书店	书店		
book store			

46

第四十五课　你有什么爱好？

Match the three columns.

唱	网	to sing a song
拉	歌	to play baseball
跳	舞	to play the piano
上	画	surfing the Internet
画	小提琴	to play the violin
弹	棒球	drawing
打	钢琴	to do homework
做	作业	to dance

47

填一填

Fill in the blanks with the appropriate words.

朋友　以后　很多　爱好　一边　以外

1. A: 华华的_____是什么？　B: 华华喜欢打乒乓球。

2. 除了玛丽_____，他还有很多_____。

3. 小文常常一边吃饭，_____看电视。

4. 白玛丽有_____朋友，有的是中国人，有的是美国人，有的是加拿大人。

5. 放学_____，我常常和同学一起去游泳。

写一写

Make words with the characters given below.

迷： 电影迷_____

语： 语言_____

队： 乐队_____

读一读，圈一圈，写一写

Read and circle the words you know, then write them down.

跳	舞	办	电	影
高	远	公	第	一
兴	教	室	这	些
初	学	店	钢	场
中	楼	小	提	琴

1. 跳高_____ 8. _____

2. _____ 9. _____

3. _____ 10. _____

4. _____ 11. _____

5. _____ 12. _____

6. _____ 13. _____

7. _____ 14. _____

第四十五课 你有什么爱好？

What are your hobbies? Please write a short paragraph to introduce your hobbies. Try to use some of the words that you have learned from the textbook.

爱好 喜欢 除了...以外 常常 周末 练习 一边...一边

_____

_____

_____

49

Listen to "试试看"carefully, then answer the questions in Chinese. You may use pinyin.

1. 白玛丽有什么爱好？

_____

2. 白大卫喜欢唱歌跳舞吗？

_____

3. 哪个朋友是运动迷？他喜欢什么运动？

_____

4. 王小文有哪些爱好？

_____

第四十五课 你有什么爱好?

问卷调查

Ask your family members and friends about their hobbies by using the sentences
"你喜欢...吗?" "你还喜欢做什么?" and fill out the form. You may use pinyin.

名字	唱歌	跳舞	打篮球	踢足球	游泳	还喜欢做什么?

SECTION B

写一写部首

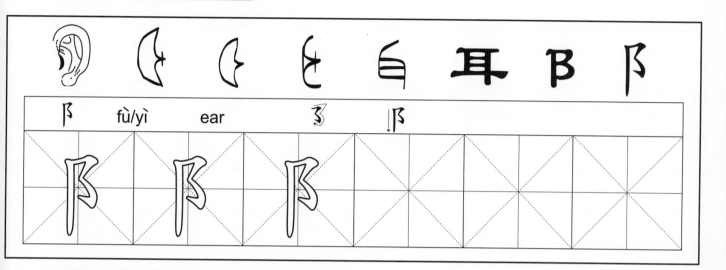

阝	fù/yì	ear	⻖	阝

阝 阝 阝

写一写，读一读

New Words 生字	Radicals 部首	Write the characters 写一写					Read aloud 读一读
chàng	kǒu	chàng					chàng gē
唱	口	唱					唱歌
gē	qiàn	gē					gē shēng
歌	欠	歌					歌声
tiào	zú	tiào					tiào wǔ
跳	足	跳					跳舞
duì	fù	duì					zú qiú duì
队	阝	队					足球队

读一读，写一写

chàng gē	chàng gē		
唱歌 to sing a song	唱歌		
qiú duì	qiú duì		
球队 sports team	球队		
tiào gāo	tiào gāo		
跳高 high jump	跳高		
tiào yuǎn	tiào yuǎn		
跳远 long jump	跳远		
gē xīng	gē xīng		
歌星 pop star	歌星		

52

第四十六课　十二生肖

SECTION A

猜一猜，写一写

Write the 12 Chinese Zodiac Animal names in the blanks, number them in the right sequence.

_____   _____   _____   _____   _____   _____

_____   _____   _____   _____   _____   _____

改一改

Rewrite the sentence in correct Chinese.

1. 龙是一种动物神话里的。⇨_____。

2. 我勇敢比他的哥哥。　⇨_____。

3. 每天妈妈叫起床他早上。⇨_____。

4. 中国的生肖十二种动物有。⇨_____。

5. 美美的朋友最喜欢吃什么在所有的食物里？

⇨_____？

画一画，写一写

Draw your favorite Chinese Zodiac animal, and then fill in the blanks below.

　　十二生肖里有＿＿＿＿、＿＿＿＿、老虎、兔子、龙、蛇、＿＿＿

＿、　＿＿＿＿、猴子、鸡、＿＿＿＿和＿＿＿＿；没有＿＿＿＿和＿＿＿＿。

我属＿＿＿＿。我最喜欢＿＿＿＿，因为它＿＿＿＿＿＿＿＿。我还喜欢

＿＿＿＿，因为它＿＿＿＿＿＿＿＿。

第四十六课　十二生肖

排一排

Use the following words to fill in the blanks, then number the sentences according to their sequence.

1. 起床	2. 不再	3. 吃了	4. 第一名	5. 好朋友
6. 猪	7. 很晚	8. 睡觉	9. 信	10. 十二生肖

（ 1 ）很久以前，猫和老鼠是<u>好朋友</u>。

（　）第二天早上，老鼠自己走了。它到得最早，得了_____。

（　）一天，动物们收到一封_____。

（　）_____跑得最慢，得到了第十二名。

（　）猫喜欢_____，他让老鼠叫它_____。

（　）猫见了老鼠就追，想_____它。

（　）因为这件事，猫和老鼠_____是好朋友。

（　）猫_____才起床。等它到的时候已经晚了。

（　）信上说，动物要开会，最早到的十二种动物会成为_____。

55

听一听，写一写

Listen to "试试看"carefully, then answer the questions in Chinese. You may use pinyin.

文中提到了哪几种动物？

_____

问卷调查

Ask your family members and your friends which Chinese Zodiac signs they belong to and count the numbers.

生肖	人　名	人　数
鼠		
牛		
虎		
兔		
龙		
蛇		
马		
羊		
猴		
鸡		
狗		
猪		

SECTION B

写一写部首

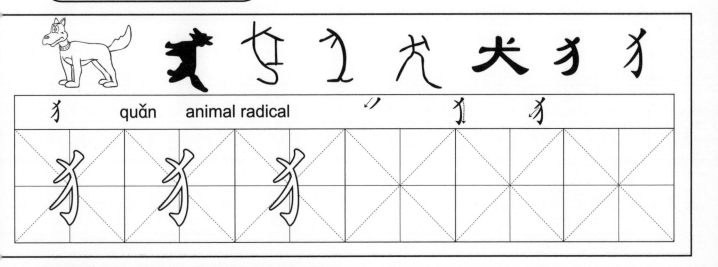

| 犭 | quǎn | animal radical |

写一写，读一读

New Words 生字	Radicals 部首	Write the characters 写一写					Read aloud 读一读
niú	niú	niú					shǔ niú
牛	牛	牛					属牛
yáng	yáng	yáng					niú yáng
羊	羊	羊					牛羊
zhū	quǎn	zhū					xiǎo zhū
猪	犭	猪					小猪
gǒu	quǎn	gǒu					gǒu nián
狗	犭	狗					狗年

读一读，写一写

niú　ròu	niú　ròu		
牛 肉	牛 肉		
beef			
xiǎo　zhū	xiǎo　zhū		
小 猪	小 猪		
piglet			
gǒu　nián	gǒu　nián		
狗 年	狗 年		
Year of the Dog			
yáng　ròu	yáng　ròu		
羊 肉	羊 肉		
mutton			
niú　wěi	niú　wěi		
牛 尾	牛 尾		
ox tail			

58

第四十七课 我的假期

SECTION A

选一选

Circle the correct pinyin in the brackets that match the underlined characters.

帮(bāng   bān)助   回家(jiā   qiā)

整(zhěn   zhěng)理   很久(qiǔ   jiǔ)

西(xī   qī)瓜   假期(xī   qī)

想(xiǎng   jiǎng)要   聪明(mín   míng)

长(chán   cháng)城   夏令营(yíng   yín)

排一排

Put the dialogue in their right sequence.

	真有趣！哦，爸爸叫我吃饭了，我们以后再聊吧！
	我们学中文，上中国文化课，还学做中国菜。
	很好，我和爸爸妈妈去中国旅游了。你去旅游了吗？
	哦，小华，你好！你暑假过得怎么样？
	我是小华。
	我没有去旅游，我参加了一个夏令营。
	再见！
	你好，我是小文，请问你是谁？
	好吧！再见！
1	喂，你好，请问小文在吗？
	夏令营都有什么活动？

第四十七课　我的假期

找一找，写一写

Find the phrases, and then write them out.

出	初	一	参	朋
春	去	打	观	友
节	度	算	地	星
活	动	假	期	方

1. 出去　　2._____

3._____　4._____

5._____　6._____

7._____　8._____

9._____　10._____

60

填一填

Translate the sentences to complete the crossword puzzle.

Across

1. Little Brother does not know how to play ice hockey.

2. have a comparison

3. Which year was your little sister born in?

4. She is not good at math.

5. There is no Chinese lesson on Wednesday.

6. Go north, and you will arrive there

7. He has been to America.

Down

一、 Did you go to the sea shore in summer vacation or not?

二、 I plan to visit Beijing during next year's vacation.

三、 soccer game

四、 She went to China.

五、 Math class

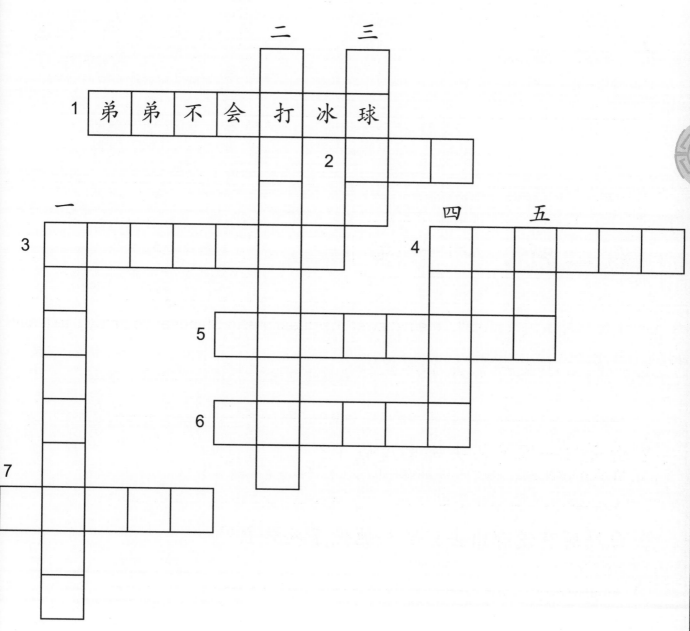

说一说，写一写

Please talk about your vacation plans with your friends and then write them out in Chinese.

例：我喜欢大海，在大海里游泳很快乐，所以我想在暑假和爸爸妈妈一起去海边度假。

_____

_____

_____

62

听一听，写一写

Listen to "试试看" carefully, then answer the questions in Chinese. You may use pinyin.

1. 暑假王小文一家去了哪里？

_____

2. 白大卫一家暑假去哪里度假了？

_____

3. 白玛丽有没有出去旅游？她做了些什么？

_____

SECTION B

写一写部首

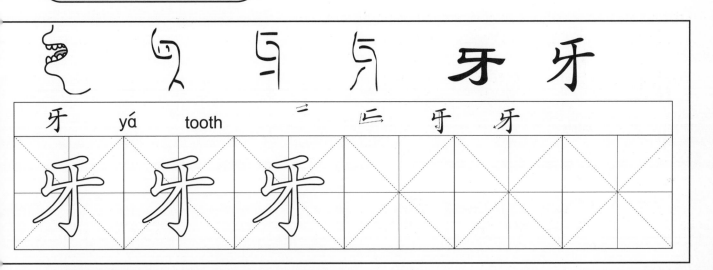

牙 yá tooth	一 二 牙 牙

牙　牙　牙

写一写，读一读

New Words 生字	Radicals 部首	Write the characters 写一写						Read aloud 读一读
jià	rén	jià						jià qī
假	亻	假						假期
shǔ	rì	shǔ						shǔ jià
暑	日	暑						暑假
hán	mián	hán						hán jià
寒	宀	寒						寒假
hǎi	shuǐ	hǎi						hǎi biān
海	氵	海						海边

读一读，写一写

jià	qī	jià	qī				
假	期	假	期				
vacation, holiday							
hǎi	shuǐ	hǎi	shuǐ				
海	水	海	水				
sea water							
hán	fēng	hán	fēng				
寒	风	寒	风				
cold wind							
shǔ	jià	shǔ	jià				
暑	假	暑	假				
summer vacation							
cháng	jià	cháng	jià				
长	假	长	假				
long vacation							

第四十八课 认识中国

SECTION A

连一连

Match the three columns.

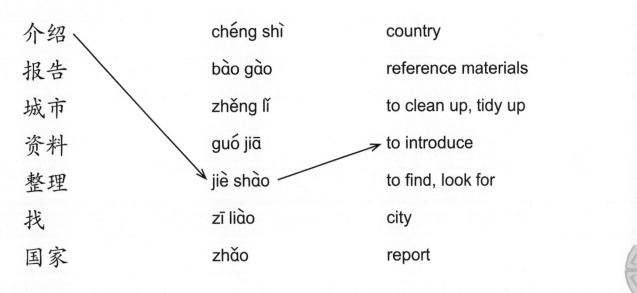

介绍	chéng shì	country
报告	bào gào	reference materials
城市	zhěng lǐ	to clean up, tidy up
资料	guó jiā	to introduce
整理	jiè shào	to find, look for
找	zī liào	city
国家	zhǎo	report

填一填

Choose the correct words to fill in the blanks.

其中　国家　苹果　古迹　山　长江

1. 我喜欢吃水果，_____最喜欢的是_____。

2. 亚洲最大的_____是中国。

3. 世界上最高的_____是喜马拉雅山，中国最长的河是_____。

4. 暑假的时候，他们参观了中国很多_____：故宫、长城等等。

排一排

Put the dialogue in their right sequence.

你看了哪些书?

小夏，你去过中国吗?

真好啊，听你这么说，我都想去中国了呢。

我没有去过，可是我看了几本介绍中国的书。

好啊。

我知道中国是亚洲最大的国家，中国有很长时间的历史，有很多古迹，还有很多名人。

真的吗? 那到暑假的时候，我们和爸爸妈妈一块儿去中国旅游吧。

我看了一本《中国地理》，还看了一本《中国历史》，还有一本《中国城市报告》。

那你知道了多少关于中国的资料?

改一改

Rewrite the sentences in correct Chinese.

1. 我想爬长城去北京。

_____。

2. 我关于中国的报告写完了一份。

_____。

3. 小龙暑假打算中国旅游去。

　　_____。

4. 我拍照片很多朋友要给看。

　　_____。

画一画，写一写

Please draw pictures about China and write down the descriptions in the blanks below. You may use pinyin if necessary.

龙是中国的象征。
_____　　　_____

听一听，写一写

Listen to "试试看" carefully, then answer the questions in Chinese. You may use pinyin.

1. 中国在世界上哪个位置？

_____

2. 中国最有名的河是什么？

_____

3. 中国有多少年的历史？

_____

4. 中国有哪些重要的传统节日？

_____

5. 中国有哪些有名的大城市？

_____

SECTION B

写一写部首

龙　lóng　dragon

一 ナ 九 龙 龙

龙 龙 龙

写一写，读一读

New Words 生字	Radicals 部首	Write the characters 写一写					Read aloud 读一读
shān	shān	shān					gāo shān
山	山	山					高山
kǒu	kǒu	kǒu					rén kǒu
口	口	口					人口
jiāng	shuǐ	jiāng					cháng jiāng
江	氵	江					长江
hé	shuǐ	hé					huáng hé
河	氵	河					黄河

第四十八课　认识中国

读一读，写一写

huáng hé	huáng hé		
黄河	黄河		
the Yellow River			
gāo shān	gāo shān		
高山	高山		
high mountain			
hé shuǐ	hé shuǐ		
河水	河水		
river water			
rén kǒu	rén kǒu		
人口	人口		
population			
cháng jiāng	cháng jiāng		
长江	长江		
the Yangtze River			

71

第三十七课　中国的节日
Section A

P1

写一写

　　氵：深，汤，法，汉，酒，渴，淋…

　　辶：还，过，迎，运，这…

　　口：号，啡，喝，和，加，咖，吗…

　　艹：草，花，蕉，蓝，苹，葡，节…

填一填（You can write as many as possible）

　　节：春节，中秋节，端午节，元宵节，灯节…

　　子：饺子，粽子，包子，本子，椅子，桌子…

　　国：中国，英国，美国，法国，韩国…

P2

找一找

　　春　节：初一，饺子，放鞭炮，舞狮

　　元宵节：灯谜，赏灯，汤圆

　　端午节：龙舟，粽子

　　中秋节：八月十五，月饼

填一填

　　　　每年的农历五月初五是端午节。端午节也叫龙舟节。这一天，中国人要吃粽子，还要赛龙舟。粽子很好吃，我喜欢吃粽子。

P3

排一排

3241　八月十五是中秋节，这一天的月亮很圆。今年八月十五的时候，我们一家人坐在院子里看月亮、吃月饼。月亮很圆，月饼很好吃。全家人都很高兴。

听一听，写一写

　　1.农历正月初一是中国的春节，春节又叫农历新年。

　　2.过春节的时候，中国人吃饺子，放鞭炮，舞狮子。

　　3.农历正月十五是元宵节，这一天中国人要吃汤圆、赏花灯、猜灯谜。

P4

猜灯谜

　　1．眼睛　2．电话　3．朋　4．手

第三十八课 去商店买东西
Section A

P7

连一连

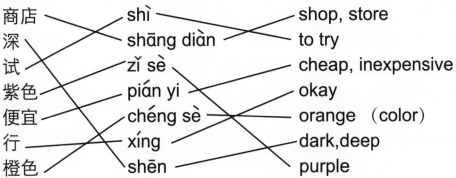

找一找

长－短，大－小，高－矮，深－浅，贵－便宜，多－少

P8

你有我也有

　　讠：试，谁，请，说

　　亻：便，作，位，候

　　氵：深，浅，洗，渴

填一填

　　　　星期六，妈妈和我一起去商店买东西。妈妈想买一条深蓝色的裤子，可是商店里没有，所以她没有买。我想买一件绿色的上衣。我试穿了，太大了，所以我也没有买绿色的上衣。我又试了一件白色的上衣，不大也不小，我穿上很好看，所以我买了这件白色的上衣。

P9

看图写话

　　①星期天（星期六），买东西（商店）。②裤子，长。③试（穿）了，长，短，好看，买。④、裙子，５００，贵，没有（没）。

P10

说一说，写一写

　　请自由发挥。

听一听，写一写

　　1.星期六上午妈妈带我和弟弟去商店买衣服。

　　2.妈妈给弟弟买了一件浅蓝色的上衣、一条黑色的裤子和一双白色的袜子。

　　3.妈妈没有给我买粉红色的裙子，因为我不喜欢粉红色，我喜欢浅绿色。

第三十九课　爷爷的生日会

Section A

P13

连一连

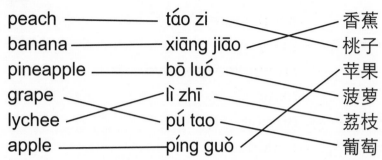

peach ——— táo zi ——— 香蕉
banana ——— xiāng jiāo ——— 桃子
pineapple ——— bō luó ——— 苹果
grape ——— lì zhī ——— 菠萝
lychee ——— pú tao ——— 荔枝
apple ——— píng guǒ ——— 葡萄

选一选

Clothes: 裤子，上衣，裙子，鞋子
Fruits: 荔枝，苹果，葡萄，梨
Foods: 饺子，包子，米饭，月饼
Body Parts: 手，眼睛，鼻子
Words ending with the character "子"：裤子，裙子，包子，鼻子，鞋子，饺子
Characters with the "艹" radical: 荔，苹，葡，萄
Characters with the "饣" radical: 饺，饭，饼

74 P14

填一填

一条 裤子	一束 花	三个 人
一块 手表	一本 书	三个 包子
四个 苹果	六只 猫	七只 鸟
两件 上衣	五百 块 钱	两条 鱼

排一排

（2）因为这一天是奶奶的生日。（abdcef）
（1）星期六，李大中一家人到中国饭馆吃饭。／李大中一家人星期六到中国饭馆吃饭。（cadbefg/adcbefg）
（4）奶奶还点了啤酒和葡萄汁。／奶奶还点了葡萄汁和啤酒。（bfdcae/bfdeac）
（3）奶奶点了主食和菜。／奶奶点了菜和主食。（acbed/acdeb）
（5）每样菜都很好吃。（adbc）
（6）今天奶奶很高兴。／奶奶今天很高兴。（abdc/badc）

P15

看图写话

① 生日，朋友，礼物，蛋糕，花。
② 蛋糕、生日快乐，好吃。
③ 玩电脑（游戏），开心（高兴）。
④ 九，回家，再见。

P16

说一说，写一写

请自由发挥

听一听，写一写

1. 今天是王小文的生日。

2. 今天王小文很高兴，因为我们送给她很多礼物，还祝她生日快乐，身体健康。

3. 大家送给小文很多礼物，有一本书、一束花、一条裙子、一件上衣和一个草莓蛋糕。

第四十课　一年有四季
Section A

P19

连一连

填一填

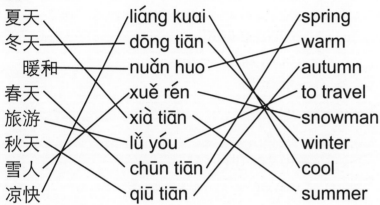

A:季节　B:暖和　A:可是　A:冬天，时候　B:冷，衣服

P20

想一想

1. 室外—外面—下面—下雪—雪天—天气

2. 春节—节日—日子—包子—粽子—饺子

3. 校车—出租车—公车—火车—开车—骑车

你有我也有

人：位，他，件，住

艹：草，萝，苹，菠，莓

水：沙，深，浅，游，泳，酒

木：栋，树，板，椅，架

口：吃，喝

P21

看图写话

① 暖和（美丽），花，草

② 夏天，裙子，短裤，室，游泳，冰淇淋

③ 秋天，凉快，黄了，秋天(去旅游)

④ 冬天，刮，雪。冬天，因为，堆雪人，滑雪

P22

听一听，写一写

一、1. 我喜欢春天，因为春天有绿色的树、绿色的草和美丽的花，还有小鸟在大树上唱歌。

2. 妈妈喜欢秋天，因为秋天是收获的季节，果木会结满累累的果实；而且秋天天气凉快，人们可以出去尽情地游玩。

二、1. 暖和

2. 树，草，美丽

3. 唱歌

第四十一课　我病了
Section A

P25

连一连

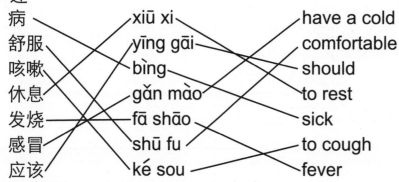

你有我也有

Find the characters with the "疒" radical: 病，疼
Find the characters with the "口" radical: 喉，咙，咳，嗽，吃，喝
Find the characters with the "食" radical: 饭，饮，饺，饼

"疒" radical: sick, illness, pain
"口" radical: eating, drinking, speaking
"食" radical: food, eating

P26

填一填

①饭前　②饭后　③舒服　③疼　④还是　⑤还有

排一排

（2）妈妈带她去看医生。(badecf)

（5）妹妹的病过两天就会好。/过两天妹妹的病就会好。(feabdgc/bdfeagc)

（1）我的妹妹今天生病了。/今天我的妹妹生病了。(acbedf/eacbdf)

（3）医生说她感冒了。(badce)

（4）给她开了一些药。(adbec)

P27

改一改

①请问，这件上衣多少钱？

②这个大一点的怎么样？

③医生要他每天吃药，多喝水，多休息。

④小月的身体一直很好，但是今天没有上学。
听一听，写一写
　1. 妹妹今天生病了，所以她没有去上学。
　2. 妹妹头疼，喉咙也疼，还咳嗽。
　3. 医生说妹妹感冒了，要她多喝水，多注意休息。
P28
排一排，说一说
医生：6. 你哪里不舒服？
病人：3. 我的喉咙很疼，还咳嗽。
医生：4. 你的头疼不疼？
病人：7. 我的头不疼。
医生：8. 我给你量量体温吧！
病人：11. 我发烧吗？
医生：1. 你有点发烧。我给你开一点药。
病人：9. 药是饭前吃，还是饭后吃？
医生：5. 饭后吃。
病人：10. 谢谢医生。

第四十二课　我喜欢我的学校
Section A
P31
连一连
读一读，选一选

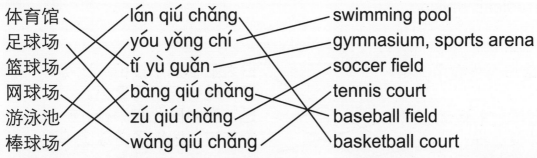

体育馆	lán qiú chǎng	swimming pool
足球场	yóu yǒng chí	gymnasium, sports arena
篮球场	tǐ yù guǎn	soccer field
网球场	bàng qiú chǎng	tennis court
游泳池	zú qiú chǎng	baseball field
棒球场	wǎng qiú chǎng	basketball court

礼堂(táng)　　应(yīng)该　　餐厅(tīng)　　英(yīng)文　　剧院(yuàn)
因(yīn)为　　走进(jìn)　　办(bàn)公室　　高兴(xìng)　　棒(bàng) 球场

P32
找一找，写一写
　1. 体育场　2. 体温　3. 高中　4. 初中　5. 初一　6. 教学　7. 教学楼
　8. 上学　9. 大楼　10. 冬天　11. 春天　12. 中学生（学生、中学）
填一填
　1. 不但，而且　2. 到处　3. 一共　4. 外面　5. 以后
P33
说一说，写一写
　请自由发挥

听一听，写一写
   1. 小文在大华高中读书。
   2. 王小文喜欢去图书馆看书，还喜欢去运动场运动。
   3. 下课后，王小文常常和朋友们一起打球。

第四十三课　运动会
Section A

P36
连一连

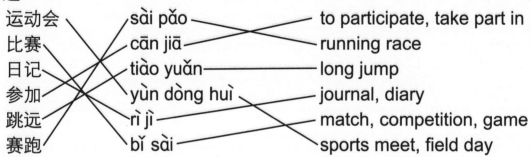

你有我也有
   Find the characters with the "足" radical: 跑，跳，踢，足
   Find the characters with the "手" radical: 投，打
   Find the characters with the "辶" radical: 运，远，过
   "足" radical: foot, activities with feet
   "手" radical: hand, activities with hand
   "辶" radical: walking

P37
连一连

2008年奥运会是在中国举行吗？　　　　　白大卫参加了投铅球比赛。

你参加过学校的运动会吗？　　　　　　　是，她每天都写日记。

玛丽身体怎么样？　　　　　　　　　　　是，在中国北京举行。

小文每天都写日记吗？　　　　　　　　　参加过，我得了游泳金牌呢。

谁参加了投铅球比赛？　　　　　　　　　她感冒了，还没有好，不能参加运动会了。

改一改
   1. 因为他病了，所以没有参加比赛。
   2. 她跑得快，我跑得比她还快。
   3. 小文在家里开生日会。
   4. 我们参加比赛的时候，她为我们加油。

P38
读一读，写一写
   ①我参加了两项比赛。
   ②投铅球比赛我得了第二名。

③投铅球比赛白大卫是第一名。

④不对，我得了第一名。

⑤我的爸爸妈妈是我的啦啦队。

P39

排一排

1. 比赛得第一的运动员会得到金牌。(caebgdf)

2. 你最喜欢的运动是什么？ (bdacegf)

3. 我很想看奥运会比赛。 (abdefc)

听一听，写一写

1. 学校下个星期要开运动会。

2. 李大中跑步跑得很快，所以他准备参加赛跑比赛。

3. 白玛丽喜欢跳远。

4. 王小文想参加投铅球比赛，可是她病了，不知道能不能参加。

第四十四课　我的社区

Section A

P42

想一想

1. 赛跑　　2. 作业　　3. 快乐　　4. 生日会　　5. 病人

6. 节日　　7. 人口　　8. 衣柜　　9. 时候　　10. 加拿大

连一连

你在哪个学校上学？　　　　　　　　　电影院的旁边是邮局。

玛丽的哥哥正在做什么？　　　　　　　我在大华高中上学。

今天你带什么书来了？　　　　　　　　他在给王小文打电话。

大卫在给谁打电话呢？　　　　　　　　我带了英文书，忘了带法文书。

电影院的旁边是什么？　　　　　　　　他正在邮局寄信呢。

P43

写一写

1. 我喜欢和姐姐一起去电影院看电影。

2. 我星期一到星期五上学。

3. 她的字写得很好。

排一排

1. 我住的社区很美也很大/我住的社区很大也很美。(fdbacge/fdbaegc)

2. 哥哥最喜欢吃汉堡包和薯条/哥哥最喜欢吃薯条和汉堡包。(gbfadce/gbfaecd)

3. 先写完作业再玩电脑好吗？(dcbgaef)

P44

说一说，写一写

请自由发挥

听一听，写一写

    1. 我住的社区很大，很漂亮，里面有学校、超市、医院、邮局，还有银行、快餐店、餐馆、电影院、公园和运动场。

    2. 星期六上午我常常和爸爸一起去运动场踢足球，下午和姐姐去看电影，爸爸妈妈下午去超市买东西。

第四十五课　你有什么爱好？

Section A

P47

连一连

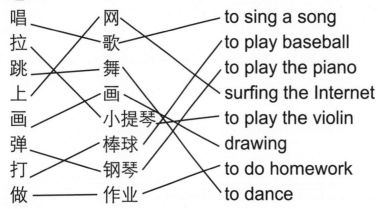

填一填

    1. 爱好　　2. 以外，朋友　　3. 一边　　4. 很多　　5. 以后

P48

写一写

    迷：电影迷，足球迷，体育迷，网球迷，歌迷，篮球迷……

    语：语言，法语，华语，英语，西班牙语，日语，韩语，外语……

    队：乐队，足球队，篮球队，排球队，网球队，棒球队，啦啦队……

读一读，圈一圈，写一写

    1. 跳高　　2. 跳远　　3. 跳舞　　4. 高兴　　5. 初中　　6. 教学楼　　7. 小提琴

    8. 办公室　　9. 教室　　10. 电影　　11. 第一　　12. 一些　　13. 这些　　14. 钢琴

P49

说一说，写一写

    请自由发挥

听一听，写一写

    1. 白玛丽喜欢唱歌，还喜欢跳舞和弹钢琴。

    2. 白大卫不喜欢唱歌跳舞，他喜欢画画、听音乐，他还喜欢上网和看书。

    3. 李大中是运动迷，他喜欢踢足球、打篮球、还喜欢游泳。

    4. 王小文的爱好很多，她喜欢拉小提琴，喜欢运动，还喜欢旅游。

P50

问卷调查（略）

第四十六课　十二生肖
Section A

P53

猜一猜，写一写

9猴　6蛇　5龙　3虎　7马　4兔

1鼠　2牛　11狗　8羊　12猪　10鸡

改一改

1. 龙是神话里的一种动物。（龙是一种神话里的动物。）

2. 我比他的哥哥勇敢。（他的哥哥比我勇敢。/我的哥哥比他勇敢。/他比我的哥哥勇敢。）

3. 每天早上，妈妈叫他起床。（妈妈每天早上叫他起床。）

4. 中国的生肖有十二种动物。

5. 在所有的食物里，美美的朋友最喜欢吃什么？

P54

画一画，写一写

略

P55

排一排

（1）很久以前，猫和老鼠是好朋友。

（5）第二天早上，老鼠自己走了。他到的最早，得了第一名。

（2）一天，动物们收到一封信。

（6）猪跑得最慢，得到了第十二名。

（4）猫喜欢睡觉，他让老鼠叫它起床。

（9）猫见了老鼠就追，想吃了它。

（8）因为这件事，猫和老鼠不再是好朋友。

（7）猫很晚才起床。等它到的时候已经晚了。

（3）信上说，动物要开会，最早到的十二种动物会成为十二生肖。

听一听，写一写

文中提到了十二生肖中的十二种动物：老鼠、牛、老虎、兔子、龙、蛇、马、羊、猴、鸡、狗、猪。

P56

问卷调查（略）

第四十七课　我的假期
Section A

P59

选一选

帮（bāng）助　　回家（jiā）
整（zhěng）理　　很久（jiǔ）
西（xī）瓜　　　假期（qī）
想（xiǎng）要　　聪明（míng）
长（cháng）城　　夏令营(yíng)

排一排

9、8、5、4、3、6、11、2、10、1、7

P60

找一找，写一写

1. 出去　　2. 春节　　3. 活动　　4. 初一　　5. 打算

6. 度假　　7. 参观　　8. 假期　　9. 朋友　　10. 地方

填一填

1. 弟弟不会打冰球

2. 比一比

3. 你妹妹是哪年的

4. 她的数学不好

5. 星期三没有中文课

6. 往北走就到了

7. 他去美国了

一. 你暑假有没有去海边

二. 我打算明年假期去北京

三. 足球比赛

四. 她去中国了

五. 数学课

P62

说一说，写一写

请自由发挥

听一听，写一写

1. 暑假王小文一家去中国旅游了，他们在那里玩了两个星期，参观了很多地方。

2. 白大卫一家暑假去海边度假了，他们在那里游泳、晒太阳、打球。

3. 白玛丽没有出去旅游，她和她的好朋友常常一起打球、玩电脑游戏、看电影，她还在社区的老人院做义工。

第四十八课　认识中国

Section A

P65

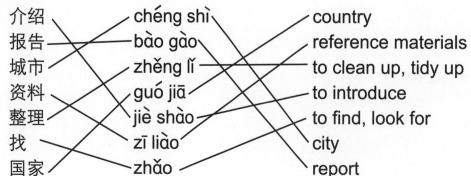

连一连

填一填

    1. 其中，苹果　　2. 国家　　3. 山，长江　　4. 古迹

P66

排一排

    3 1 7 2 9 6 8 4 5

改一改

    1. 我想去北京爬长城。

    2. 我写完了一份关于中国的报告。

    3. 小龙打算暑假去中国旅游。

    4. 我要拍照片给很多朋友看。

P67

画一画，写一写（略）

 P69

听一听，写一写

    1. 中国在亚洲的东部。

    2. 中国最有名的两条河是长江和黄河。

    3. 中国有五千多年的历史。

    4. 中国有春节、元宵节、中秋节、端午节这些重要的传统节日。

    5. 中国有很多有名的大城市：北京、西安、上海、香港等等。

fán tǐ zì　　jiǎn tǐ zì

繁體字 VS 简体字

Traditional Characters vs Simplified Characters

繁	简
辦	办
幫	帮
報	报
邊	边
餅	饼
參	参
場	场
誠	诚
處	处
聰	聪
帶	带
彈	弹

繁	简
燈	灯
棟	栋
隊	队
發	发
該	该
鋼	钢
給	给
觀	观
館	馆
過	过
畫	画
積	积
記	记

繁	简
夾	夹
節	节
劇	剧
開	开
禮	礼
曆	历
涼	凉
龍	龙
嚨	咙
樓	楼
蘿	萝
農	农
淺	浅

繁體字 VS 简体字

fán tǐ zì　　jiǎn tǐ zì

Traditional Characters vs Simplified Characters

繁	简
亲	区
区	热
热	认
认	赛
赛	晒
晒	烧
烧	绍
绍	诗
诗	时
时	识
识	实

繁	简
試	试
順	顺
湯	汤
團	团
萬	万
爲	为
興	兴
亞	亚
陽	阳
藥	药
爺	爷
業	业
義	义

繁	简
億	亿
銀	银
應	应
營	营
郵	邮
於	于
圓	圆
遠	远
運	运
種	种
豬	猪
屬	属
資	资

奇妙中文 vol.4 字表
Character List

课	课题	认读字词 (共计188个)	字数	写字 (共计48个)	字数
37	中国的节日	农初春过时候宵汤圆端粽秋	12	灯节元正	4
38	去商店买东西	店橙紫浅粉试便宜	8	百深以行	4
39	爷爷的生日会	送件礼夹克束橘菠萝梨荔枝桃亲健康真	17	爷给高兴	4
40	一年有四季	季暖夏热凉旅冬滑	8	花草因为	4
41	我病了	舒喉咙咳嗽肚量温烧感冒药休息	14	病疼应该	4
42	我喜欢我的学校	栋图餐池剧院办所常而且处	12	楼但馆场	4
43	运动会	赛跑投参得	5	运第开远	4
44	我的社区	社区业画非些银旁邮局寄信影超市带巧力具方噢	21	店得完忘	4
45	你有什么爱好?	合团除弹钢琴练习周末漫迷目夫片拉提尼瀑布石	21	唱歌跳队	4
46	十二生肖	肖知属相种龙示性聪勇敢顺勤忠实神征	17	牛羊猪狗	4
47	我的假期	久度晒阳观城照如义陪聊帮整算令营活化各	19	假暑寒海	4
48	认识中国	认识报介绍于资亚洲部积万平千世界源雅哇许迹其从能孔诗亿普通北京安港定	34	山口江河	4

灯	节	元
正	农	初
春	过	时
候	宵	汤
圆	端	粽

秋　百　深

以　行　店

橙　紫　浅

粉　试　便

宜　爷　给

高	兴	送
件	礼	夹
克	束	橘
菠	萝	梨
荔	枝	桃

亲	健	康
真	花	草
因	为	季
暖	夏	热
凉	旅	冬

滑	病	疼
应	该	舒
喉	咙	咳
嗽	肚	量
温	烧	感

冒	药	休
息	楼	但
馆	场	栋
图	餐	池
剧	院	办

所	常	而
且	处	运
第	开	远
赛	跑	投
参	得	店

得 完 忘

社 区 业

画 非 些

银 旁 邮

局 寄 信

影	超	市
带	巧	力
具	方	噢
唱	歌	跳
队	合	团

除　弹　钢

琴　练　习

周　末　漫

迷　目　夫

片　拉　提

尼	瀑	布
石	牛	羊
猪	狗	肖
知	属	相
种	尨	示

www.betterchinese.com

www.betterchinese.com

www.betterchinese.com

www.betterchinese.com

www.betterchinese.com

www.betterchinese.com

www.betterchinese.com

www.betterchinese.com

www.betterchinese.com

www.betterchinese.com

www.betterchinese.com

www.betterchinese.com

www.betterchinese.com

www.betterchinese.com

www.betterchinese.com

性	聪	勇
敢	顺	勤
忠	实	神
征	假	暑
寒	海	久

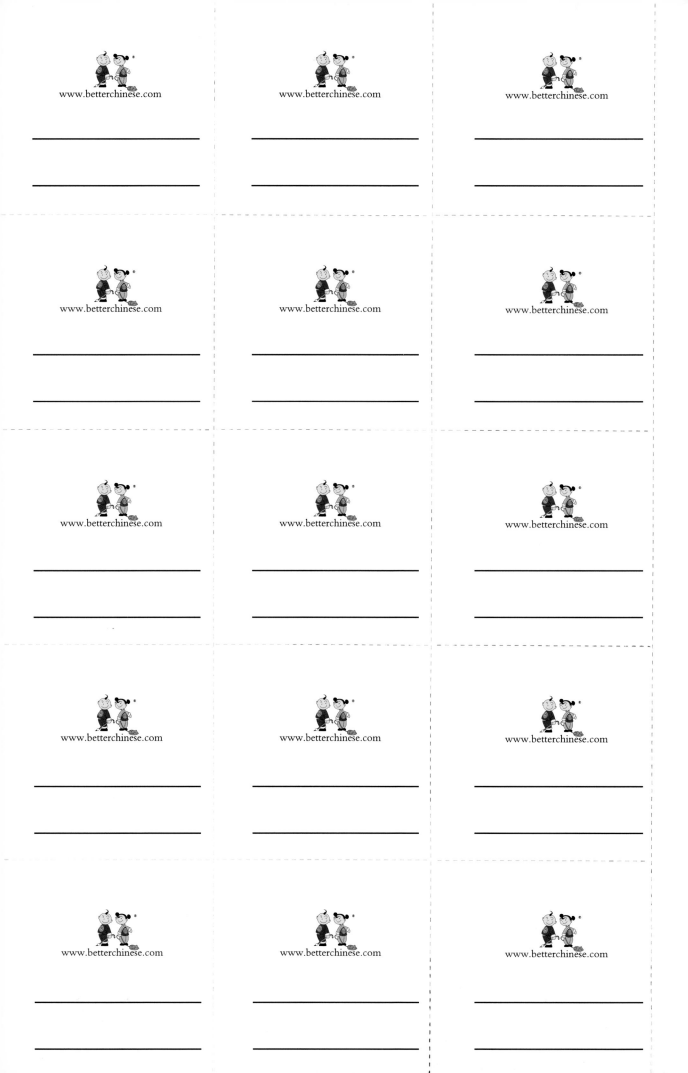

度	晒	阳
观	城	照
如	义	陪
聊	帮	整
算	令	营

活	化	各
山	口	江
河	认	识
报	介	绍
于	资	亚

洲	部	积
万	平	千
世	界	源
雅	哇	许
迹	其	从

能　孔　诗

亿　普　通

北　京　安

港　定

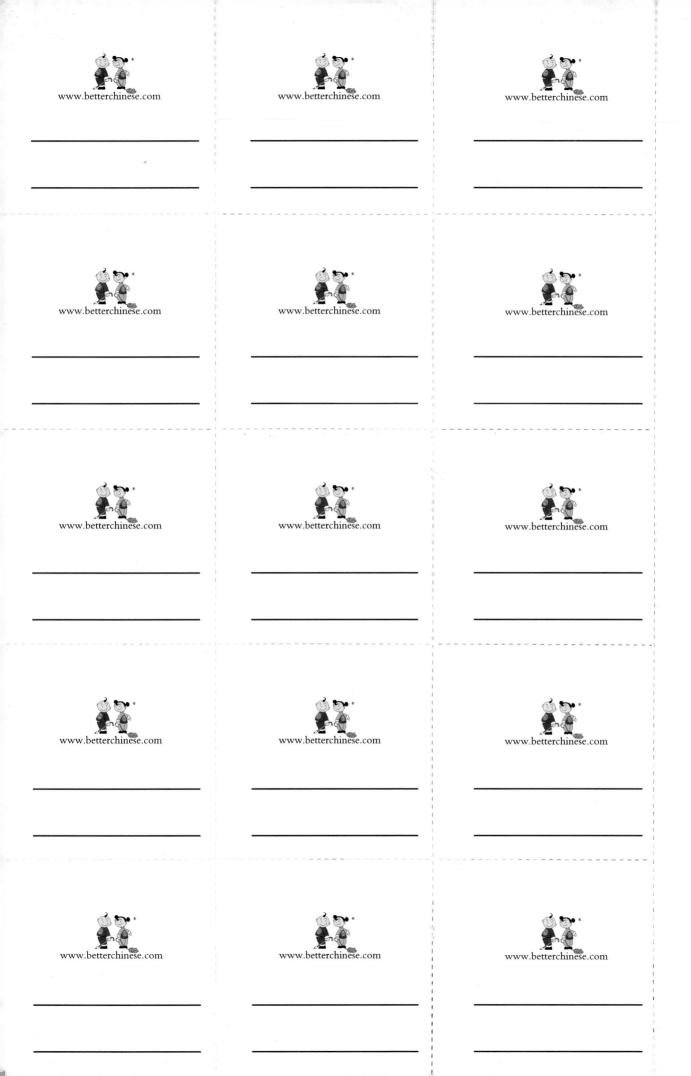